LES AMIS

DE LA

GÉORGIE

a Géorgie, ancienne Colchide, pays de la Toison d'Or, est comme un pont fortifié entre Asie et Europe. Adossée au Caucase, entre Caspienne et Mer Noire, l'Orient et l'Occident s'y rencontrent. Mais c'est vers l'Occident qu'elle s'ouvre. Sa capitale, Tiflis, son port, Batoum, sont les charnières de l'ancien Continent.

Séparée de la Russie au nord par la barrière du Caucase, de l'Asie-Mineure et de la Turquie au sud par les massifs enchevêtrés de l'Arménie, la Géorgie, fortement cantonnée, semblait vouée par le destin à l'indépendance et par la nature aux bonheurs de la paix.

C'est une Suisse ensoleillée. Ses montagnes regorgent de minéraux, ses vallées de pâturages. La vigne, les arbres fruitiers en sont originaires et, presque sans culture, y donnent à foison. Sa situation commande la route du pétrole entre Bakou et la mer. Latitude et altitude combinées font que tous les climats s'y étagent : on cultive le thé sur la côte presque en vue des neiges éternelles du Caucase. Carrefour des routes et des peuples, Tiflis est une ville inoubliable.

Avec ses troupeaux, ses vignobles, ses vergers, ses incomparables forêts, ses richesses minières : manganèse et cuivre, avec l'abondance de ses chutes, de ses rivières, la petite Géorgie, moins de trois millions d'habitants, se suffit à tous égards, sauf en céréales.

Toutes les races humaines s'y mêlent. Mais, entre toutes, la race

géorgienne honore l'humanité. La beauté des Géorgiennes est proverbiale. Le pittoresque des costumes, des coutumes, demeure inégalable. Nulle part depuis l'ancienne Grèce la danse et la musique ne sont restées plus qu'en Géorgie l'expression spontanée de l'âme et de l'art populaires. C'est un peuple d'artistes, mais d'artistes laborieux, et dans un pays de labeur où tout effort est servi par la nature, quoique la nature n'y cède qu'à l'effort.

Or ce petit pays, l'un des plus beaux du monde est aussi l'un des plus malheureux. Son existence indépendante lui a été ravie. Il est en mains étrangères, ennemies. Une partie de son peuple vit exilé pour ne pas vivre opprimé. Etre ami de la Géorgie, c'est être ami de cette beauté outragée, de cette liberté saccagée.

Quatre petites nations du Caucase : la Géorgie, l'Arménie, l'Azerbeidjan, la Circassie, reprirent en fait leur indépendance quand, en 1917, le front russe d'Asie-Mineure les découvrit en s'écroulant. La Géorgie fut reconnue non seulement comme indépendante, mais comme état souverain, de droit et de fait, par la Russie soviétique en 1920 et par l'Europe en Société des Nations. Ces quatre petites républiques ont été successivement envahies, occupées, subjuguées militairement par les armées bolchevistes. Ce facile succès militariste des Soviets ne fut précédé d'aucune déclaration, n'a été sanctionné par aucun traité, aucun acte international : la Géorgie reste en droit une nation.

Etre ami de la Géorgie, ce n'est donc point poser une question de droit qui est résolue. Ce n'est pas non plus rouvrir une question de fait qui est du domaine de la politique, des circonstances, de l'avenir, et qu'aucun effort privé, si amical qu'il soit, n'a pouvoir ni qualité pour modifier. Mais c'est, au point de vue le plus général, affirmer que les justes causes ne se laissent point prescrire. Et c'est, au point de vue immédiat, témoigner aux Géorgiens exilés qui vivent en France la sympathie des Français. Dans toute la mesure du possible c'est enfin vouloir aider et réconforter des réfugiés dignes de respect, d'affection, et secourir en eux la faiblesse, la misère inséparables de tout exil.

*
* *

L'histoire atteste l'antiquité, la vitalité de la nation géorgienne, l'autonomie de sa civilisation. Elle a, depuis toujours, le privilège d'une langue unique, vieille comme ses montagnes et néanmoins intensément vivante, qui est parlée et écrite par tous ses nationaux, même musulmans. Cette langue fut consacrée dès le Moyen-Age par une des grandes épopées de la littérature, celle de Roustaveli, le « Chevalier à la Peau de Léopard ». Cette épopée s'est pour ainsi dire incorporée à la pensée et au langage du peuple, qui d'ailleurs lit beaucoup. Il y a moins d'illettrés, hommes ou femmes, même parmi les bouviers et les manœuvres, que dans la moyenne des pays d'Occident.

A son unité territoriale, à son unité linguistique, la Géorgie joignit de bonne heure l'unité de sa civilisation par excellence chrétienne. Elle fut, des siècles durant, le boulevard de la chrétienté. Les rois géorgiens, alliés fidèles, amis recherchés des croisés d'Occident, collaborèrent avec la « nation franque » en Orient. Leur étendard flotta sur Jérusalem avec ceux des Francs. Hier encore, les vieux monastères n'étaient nulle part si nombreux, les anciens textes mieux conservés qu'en Géorgie.

La Géorgie avait douze à quinze siècles d'histoire authentique, de civilisation nationale quand la Turquie, puis la Russie, devinrent des peuples au lieu de hordes. Le XIIe siècle après J.-C. marque son apogée avec le règne de la Reine Tamara, Sémiramis des Montagnards. Ravagée ensuite par les Mongols, puis les Turcs, séparée pour son malheur de l'Europe après la chute de Constantinople, la Géorgie se maintint néanmoins et représenta seule en Orient ce mélange de civilisation antique et d'idées chrétiennes sur lequel a grandi l'Occident. Sa dynastie fut ressuscitée après les invasions persanes. Elle eut alors des relations étroites avec la France où elle fut représentée par le savant Orbeliani, frère du roi. Mais, lointaine, isolée entre le Moscovite et l'Ottoman, fréquemment envahie, craignant davantage l'infidèle, meurtrie entre les deux rivaux, elle finit par se donner à celui du Nord qui du moins se réclamait de l'Evangile. Par le traité de 1783, la Russie s'engageait à défendre la Géorgie contre

Turcs et Persans, à lui conserver son autonomie, son administration, son Église autochtone. A ce prix, la Géorgie sacrifiait sa souveraineté. Mais bientôt, dès 1801, le tsar l'annexa par un acte unilatéral que l'Europe a toujours tenu pour non existant en droit. Au Congrès de Paris, en 1856, il ne put être ratifié. La première Conférence de La Haye, en 1897, bien qu'elle fût convoquée par le tsar, reçut la protestation de la Géorgie et l'avenir fut réservé.

Toute l'histoire de la Géorgie au XIX⁰ siècle est une protestation par l'écrit, la parole, l'acte, contre la domination russe. Autour de l'idée

nationale, une intense vie politique s'organisa dans les provinces et les villes géorgiennes, notamment à Koutaïs, et fut jetée aux extrêmes par la persécution. Dès 1905, lors de la révolution avortée qui secoua l'Empire russe, les Menchevistes géorgiens, opposés aux Bolchevistes, dirigeaient leur pays vers l'émancipation. La révolution y était nationale, le socialisme s'alliait au patriotisme.

Vint la grande guerre. Mobilisés jusqu'à 45 ans, 145.000 Géorgiens furent partout où il y avait danger, et partout décimés. Ils furent parmi les troupes les plus fidèles, les plus sûres. Leurs chefs politiques et militaires refusèrent d'aller à Brest-Litovsk. M. Gueguetchkori était alors à la tête du gouvernement provisoire de Transcaucasie et fut depuis ministre des Affaires Étrangères. Il habite maintenant la France comme les autres membres proscrits du gouvernement Géorgien.

M. Jordania, Président de la République, avait été député de Tiflis à la première Douma où il présidait le groupe social démocratique. Quand elle fut dissoute, il fut un des réfugiés de Viborg, y signa la protestation et perdit, en conséquence, ses droits politiques. Il a passé la moitié de sa vie dans les prisons tsaristes. A la deuxième Douma, la Géorgie était représentée par M. Tseretelli; à la troisième, par M. Gueguetchkori. Dans la quatrième, M. Tchenkeli, actuellement Ministre de Géorgie à Paris, était délégué de son parti aux Affaires Étrangères, membre des Commissions de l'Armée et de la Marine. Tous firent l'impossible pour arrêter la débâcle russe en 1917. Le député Guelovani se fit tuer avec sa mission parlementaire sur le front d'Asie-Mineure.

Vains sacrifices. En 1917-18, la redoutable invasion turque étant imminente, la Géorgie accepta un contingent allemand à Tiflis pour éviter le pillage. En 1918, une fédération des états de Transcaucasie fut disloquée par l'occupation turque des territoires qui venaient d'être cédés à Brest-Litovsk. En novembre 1918, la victoire des Alliés rendait à la Géorgie ses frontières et confirmait sa jeune indépendance. En 1919, elle avait déjà à se défendre de tous côtés contre les Turcs, contre Lenine, puis contre Denikine. Elle n'accepta pas de collaborer avec Wrangel. Ni communiste, ni tsariste : elle ne voulait être que géorgienne.

Dès 1920, l'armée de Moscou reprend Bakou, menace Tiflis. La jeune République de Géorgie fit tête. Par le traité de Mai 1920, la Russie des Soviets, craignant une révolte générale du Caucase, *reconnaissait formellement par traité solennel l'indépendance et la souveraineté de la Géorgie, déclarait abandonner toute prétention sur ses territoires, s'engageait à s'abstenir de toute intervention dans ses affaires extérieures.*

On sait le reste.

Moins d'un an plus tard, l'armée rouge tournant la Géorgie par le sud, envahissait l'Arménie puis de là passait par surprise la frontière Géorgienne et marchait sur Tiflis de trois côtés : Nord, Sud et Est. Seule, la présence d'une division navale française sauva temporairement Batoum, et tous les Français et leurs biens purent être évacués sans panique. En même temps, le Gouvernement Géorgien, après cinq semaines de lutte armée, prenait le chemin de l'exil.

Quand Tiflis fut attaqué en février 1921, une « délégation » soviétique (de sept à huit cents membres...) y dépensait depuis six mois des trésors pour susciter des troubles. Aucun mouvement communiste n'éclata. Nul appel du peuple aux Bolchevistes n'eût jamais lieu. Jusqu'au matin même de l'invasion, Lenine et Tchitcherine communiquant en personne avec Jordania déclaraient que nulle hostilité n'aurait lieu. L'occupation de la Géorgie fut un acte de duplicité et de violence. Elle ne se justifiait ni par une velléité d'agression, ni par une capacité de résistance militaire de la part de la Géorgie.

Depuis lors, les mouvements de révolte ont été férocement réprimés. La Géorgie a maintenant une administration communiste recrutée chez elle. Il faut bien vivre, donc obéir. C'est une question de vie ou de mort pour ceux qui restent. Des milliers de Géorgiens fidèles à leur patrie ont été massacrés; des milliers sont en prison ou y ont été; d'autres milliers vivent en exil. C'est pour ces derniers qu'est faite l'ASSOCIATION des AMIS de la GÉORGIE. Même ceux qui dans leur pays comptaient parmi les grands privilégiés de la fortune ou du rang ont besoin d'aide et d'appui. Leurs biens ne leur appartiennent plus. Leur carrière est brisée. Les jeunes ne sont pas moins à plaindre. Par centaines, des étudiants à bout de ressources sont devenus manœuvres, tâcherons. Le climat plus dur d'Europe en a beaucoup tué, en paralyse.

beaucoup. Nombreux sont ceux qui souffrent du froid, de la faim. Quoi d'étonnant si deux ou trois en dix ans ont tenté vengeance ?

Or, il y a en France des Associations d'Amis de tous les peuples, même les moins souffrants. Il y a France-Amérique. Il y a France-Grande-Bretagne. Rien de plus légitime, rien de plus nécessaire. Pourquoi ne pas marquer aussi notre sympathie au plus petit, au plus lointain, au plus malheureux des peuples amis. Un Comité international de la Géorgie siège à Genève, il y a des Associations Géorgiennes dans toutes les capitales. Soyons aux Géorgiens de France ce que nous avons été naguère aux Polonais, aux Tchèques, aux Serbes, à tous les peuples qui ne voulaient pas mourir. En droit, la Géorgie existe toujours. Elle est représentée auprès des Gouvernements, qu'elle le soit aussi devant l'opinion universelle par la sympathie active des Français : tel est l'objet des « AMIS de la GÉORGIE ».